Jharna

Urdu Poetry

Aqkay

Published By Galaxy Books

Copyright © 2024 Aqkay

All rights reserved.

ISBN-13: 978-0-9935428-8-6

ABOUT THE AUTHOR

...es in Cambridge, U.K. He enjoys writing poetry, Children's stories and ...e has written 3 poetry books "Echoes" a collection of poems, "Jharna" ...a poetry book and "Sing and Play" a collection of poems with pictures ...aged 5-10. He has also written a science fiction "The Boss" and 3 story ...ungle Olympics-800 Metres Sprint", "Jungle Olympics-Wrestling Free ...le Olympics-Cricket" of the Jungle Olympics series for children aged

نظروں سے ہی مجھ کو چھو لو

مجھے ہاتھ نہ لگانا

نظروں سے ہی مجھ کو چھو لو

مجھے ہاتھ نہ لگانا

ایسے نہ مجھ کو دیکھو

کرو نہ شکوہ پرانا

تجھ سا دیوانہ

دیکھا نہ تجھ سا دیوانہ

تجھ سا دیوانہ

دیکھا نہ تجھ سا دیوانہ

☆

کچھ بول تم بھی بولو

کرو نہ کوئی بہانہ

کچھ بول تم بھی بولو

کرو نہ کوئی بہانہ

لب زرا تو کھولو

گاؤ گیت وہ پرانا

تجھ سا دیوانہ

دیکھا نہ تجھ سا دیوانہ

تجھ سا دیوانہ

تجھ سا دیوانہ

دیکھا نہ تجھ سا دیوانہ

توڑ دیا پیمانہ

تو نے تو توڑ دیا پیمانہ

ذرا ادھر تو دیکھو

پھر چلے تم جانا

ذرا ادھر تو دیکھو

پھر چلے تم جانا

میرے جذبوں سے نہ کھیلو

خوابوں میں اب نہ آنا

تجھ سا دیوانہ

دیکھا نہ تجھ سا دیوانہ

☆ گیت

آخر ان سبھی چیزوں کی ہم آہنگی سے
جیسے کوئی مدھر دھن نکلے سارنگی سے

آہستہ آہستہ جیسے کہ چلتی ہو بادِ صبا
پھر مرا شعر اک مشکل سے تخلیق ہوا

تم کہتے ہو تم ان شعروں کی قیمت دو گے
جاؤ سوچو ورنہ کم عقلی پر رو دو گے

-☆-

یا کسی کانچ کی گڑیا کو حیا دے سکتے ہو

صرف اتنا تو بتا دو مجھے کیا دے سکتے ہو

میں نے دی حسیں سے رازوں کو اذن اے پرواز

پھر دیا اپنا لہو بتایا زندگی کا راز

چمن کے خوش رنگ گلوں سے خوشبو لے لی

اور بہت معصوم سے چہرے سے حیا لے لی

سو جتنوں سے حاصل کیا رنگ اے کائنات

پل بھر کو بھی سویا نہ ہی کسی دن نا کسی رات

بیچوں گا اپنی تخلیق یہ کیوں سوچا تم نے
کیا ہے یہ لوٹ کا مال جو ہے یوں دبوچا تم نے

تم نے لوگوں کو جسم بھی بیچنے پے مجبور کیا
ان کو مزدوری کے لالچ میں بھی چور کیا

تم نے ہر عیش کو خریدا ہے پیسے دیکر
سوچتے ہو تم جلا دو گے خیال ہی کے پر

کیا تم میرے شعر کی قیمت دے سکتے ہو
کیا کسی ماں کی ممتا کا صلہ دے سکتے ہو

پھوار میں ہیں پودے رقص کناں

دھوتے منہ پھول نہیں تھکتے یہاں

پتّے پانی میں جیسے ہوں کشتیاں

بہتے جاتے ہیں بس یہاں سے وہاں

جاؤ ہم کو تو یہاں ٹھہرنا ہے

دیکھو وہ سامنے جھرنا ہے

☆

یہ پانی کی کیسی پھوار آرہی ہے

مسلسل اور بار بار آرہی ہے

نئے موتیوں کی قطار آرہی ہے

چمک جس کی مثل شرار آرہی ہے

ناممکن اب دل کا بھرنا ہے

دیکھو وہ سامنے جھرنا ہے

دھند پانی سے بنی جیسے دھواں

ہوتا بوندوں پہ تاروں کا گماں

اور تو اور دھنک بھی ہے فروزاں

کیسا عجب اس نے باندھا ہے سماں

قابل دید موجوں کا بپھرنا ہے

دیکھو وہ وہ سامنے جھرنا ہے

جھرنا

سنو بج رہا ہے کہیں جلترنگ

فضاؤں میں پھیلے شفق کے سب رنگ

یہ فطرت کے منظر یہ قدرت کے ڈھنگ

جنہیں دیکھ کر ہو جائے عقل دنگ

بغیر رکے یہاں سے ممکن نہیں گزرنا ہے

دیکھو وہ سامنے جھرنا ہے

ذرا آکے جھرنے کی دیکھو روانی

کہ جس سمت دیکھیں نظر آئے پانی

مچلتی ہوئی کوئی چنچل جوانی

یہ سبزہ کہ جیسے ہو قالین دھانی

شور اتنا کہ مشکل بات کرنا ہے

دیکھو وہ سامنے جھرنا ہے

ادھر دھماکا ادھر دھماکا

ہر نکڑ پر ہے پولس کا ناکا

جنگ کا لگتا ہے نظارا

عوام کا ایک ہی ہے نعرا

اب کیا ہوگا، اب کیا ہوگا

اب کیا ہوگا، اب کیا ہوگا

_☆_

شعبدہ گروں کی خوب ہے چاندی

دولت ہے انکے گھر کی باندی

مرتا ہے غریب بیچارا

عوام کا ایک ہی ہے نعرا

اب کیا ہو گا، اب کیا ہو گا

بچوں کی خوب ہے شامت آئ

پرائمری تک ہے سخت پڑھائ

بعد میں ہو گا نقل کا سہارا

عوام کا ایک ہی ہے نعرا

اب کیا ہو گا، اب کیا ہو گا

اب کیا ہوگا

مرغی چھوڑی گوشت بھی چھوڑا

انڈے اور مکھن سے منہ موڑا

پھر بھی ہو سکا نہ اپنا گزارا

عوام کا ایک ہی ہے نعرا

اب کیا ہوگا، اب کیا ہوگا

بجلی گئی اور بجلی آئی

گیس پر ہو گئی ختم کمائی

پیٹرل مہنگا ہو گیا دو بارا

عوام کا ایک ہی ہے نعرا

اب کیا ہوگا، اب کیا ہوگا

ترقّی

گھوم آئے امیری کا جاپان اور چین

کیوں نا کرتے ترقی تھے وہ جو ذھین

کل بجاتے تھے بھینس کے آگے بین

اب کرتے ہیں گٹار پر ایک دو تین

_☆_

☆ نظمیں

ڈھونڈتی ہوں گی آپ کی آنکھیں پھر کسی کو

ہر آہٹ پہ کسی کا گمان آیا ہو گا

اپنے پہلو میں کسی کو بھی نہ پا کر پھر

آپ کا دل بھی شائد بھر آیا ہو گا

بھول جا قاسم اب ان کو ان کی یادوں کو

تیرا خیال کبھی بھی ان کو نہ آیا ہو گا

-*-

☆

آپ کو یاد کبھی تو وہ آیا ہو گا
اس کی یاد سے دل تو بھر آیا ہو گا

وہ حسیں شام دوبارہ لوٹ آئی ہو گی
وہ نغما کسی نے دوبارہ گایا ہو گا

کالے کالے بادلوں کے پیچھے سے پھر
چودھویں کا حسیں چاند نکل آیا ہو گا

اُس ظالم کو کچھ بھی نا کہو

دکھ دیتا ہے دکھ لے لےتا ہے

دل اپنا کچھ دیوانا ہے

رو کر پھر سے ہنس لےتا ہے

-*-

☆

اک ہوک سی دل میں اٹھتی ہے
ترا نام کوئی جو لے لیتا ہے

جب بھولی باتیں یاد آئیں
کوئی چپ کے سے رو لیتا ہے

یہ وقت بڑا ہی ظالم ہے
سب کو سیدھا کر لیتا ہے

میں دل کو بچا لوں کہ جاں کو بچا لوں

وہ چل دے گا میرے سنبھلتے سنبھلتے

سرِ شام آنے کا وعدہ کیا تھا

ڈھلا کیوں نہیں دن ڈھلتے ڈھلتے

- ☆ -

ملے جو وہ اک دن گزرتے گزرتے

بڑھی آتشِ غم سلگتے سلگتے

ہے شرمندگی سخت جانی پہ اپنی

نکل جائے گی جاں نکلتے نکلتے

خدا را نہ دو مجھ کو جھوٹی تسلی

بہل جائے گا دل بہلتے بہلتے

سناؤ ذرا اس کو میری کہانی

پگھل جائے گا وہ پگھلتے پگھلتے

فخر ہے اپنی خستہ حالی پر

دیکھ لو اب یہ حال ہے اپنا

☆

دل پہ کب اختیار ہے اپنا

عاشقوں میں شمار ہے اپنا

مر کے مارا ہے غیر کو ایسے

اس گلی میں مزار ہے اپنا

شوق سے سن رہا ہوں قصہ غم

ذکر اس میں ہے بار بار اپنا

غیر کی شکل خضر پر نا جا

رند بھی پرھیز گار ہے اپنا

میری نیّا بن کھویّا ڈگ مگ ڈگ مگ ڈولے

اب یہ پار لگے یا ڈوبے ہاتھ میں ہے تیرا ہاتھ

ٹک ٹک تجھ کو ہر دم دیکھوں بچھڑا جو تو پل بھی

اشکوں سے برسا دونگا میں بن بادل برسات

چندن مکھڑا یوں ہی دمکے دن بیتیں اور سال

تیری عمریا اتنی ہو اس بن میں جتنے پات

-☆-

☆

سنتے سنتے کتھا تمھاری کٹ گئی ساری رات

کون کرے گا مجھ پہ یقیں جو سنے گا میری بات

بن میں گھوما شہر پھرا اور دیکھے ہیں دیہات

کون ملا ہے تیرے جیسا جنّت کی سوغات

مجھے لگے ہے یہ جیون اک لمبی سی بیگار

اس جیون میں اک پل گر تو ہو نا میرے ساتھ

نگری نگری گاتا جاؤں دیکھوں دن نا رات

فکر کسے ہے جو ہے بیٹھا وقت لگائے گھات

تربت پہ میری آکر کہنے لگا ستم گر
ملنے کے کر رہے ہو سامان کیسے کیسے

صد آفرین ہے اس کے ضبط پر بھی قاسم
جو رنگ دیکھتا ہے انسان کیسے کیسے

-☆-

ملتے ہیں نیک صورت انسان کیسے کیسے

ان میں چھپے ہوئے ہیں شیطان کیسے کیسے

بہتر ہے ذکر ان کا چھیڑو نہ انجمن میں

ان پر لگیں گے ورنہ بہتان کیسے کیسے

یہ کہکشاں ہے بھی تو دراصل ان کا رستہ

روشن ہیں ان کے قدموں کے یہ نشان کیسے

گر مٹ گیا میں تو پھر کیا یہ عجب تھی یہ بات

تو نے مٹائے ہیں ہائے جہان کیسے کیسے

لوگ جو کہتے کہ نغمہ گل ہے

اب کہوں کیا کہ مری ہائے ہے

تان جو دل کے پار ہوئی

کون یہ گیت ایسا گائے ہے

آئے ہو چلے جاؤ گے قاسم

مجھ کو تو یہ خیال رلائے ہے

۔☆۔

☆

وہ بھلا کیوں پھر یاد آئے ہے
جو کھو دیا اسے کب پائے ہے

تجھ سے تو تیرا خیال ہے بہتر
آ کے کبھی نہ کہیں جائے ہے

کیا تو چھپا ہے قریب مرے ہی
تیری مہک سی یہ کیوں آئے ہے

ہوں سامنے وہ میں کہ نا بھی پاؤں مدعا

ایسی ملی ہے کیوں بھلا گونگی زباں مجھے

اب جان لے کے ہی کہیں چھوڑے گا ابرِ غم

منزل پہ خود ہی پہنچا دے گا کارواں مجھے

خاموشی پر مری جو وہ ہوتے نہیں خفا

بس راس آگیا ہے یہ طرزِ بیاں مجھے

-☆-

☆

سایہ وجود کا نہیں ملتا جہاں مجھے
اے کربِ عشق تو ہے یہ لایا کہاں مجھے

سنتے ہیں پھر لٹیں گے سبھی آج دل جہاں
کیوں لے کے جا رہا ہے یہاں سے وہاں مجھے

بھُولے سے بھی نہیں کسی کو جو کہ ہو گا یاد
کیوں بھولتا نہیں ہے کبھی وہ سماں مجھے

ہو گا نہ انکے بن کوئی اور بھی وہاں
ایسا ہی اک بسانا ہے اپنا جہاں مجھے

چلو اک بار پھر اسی محفل میں

کہتا ہے مرا یہ ناداں دل مل کے

نا تھی یوں ہی ہلال نو کو جلدی

جانا تھا اسے تری جلو میں ڈھل کے

☆

☆

بجھ جب گئی شمع رات بھر جل کے

پھر کیا ملے گا کلی کو بھی کھل کے

کتنے خوش خوش بسے ہیں میرے دل میں

جائیں گے کہاں غم یہاں پر سے ٹل کے

گر لاتے وہ قتل کے لئے بھی مجھ کو

میں جاتا وہاں سر کے بل بھی چل کے

خیال نا کر میری خستہ حالی کا

فکر اپنی تو ہی بتا کون کرے

دو نہیں وہ اور میں جب قاسم

خود کو خود سے جدا کون کرے

-☆-

ویرانے میں صدا کون کرے

ترے جادو سے رہا کون کرے

یادوں سے ہے انکی اتنا سکوں

چارہ اے وصل بھی کون کرے

چھپا بیٹھا ہے ہر دل میں وہ

ہر جائی سے وفا کون کرے

ہو گئے لو وہ پھر مجھ سے خفا

شب ہونے کی دعا کون کرے

ہنستے ہیں وہ مجھ کو دیکھ کر اب

ایسا نہ کسی سے پیار کیجئے

آئے جو قبر پر تو بولے

سوتا ہے اسے بے دار کیجئے

☆

اتنا تو نہ اب بے زار کیجئے

حاظر ہے دل پہ وار کیجئے

اک جان ہی تھی شکریہ کیسا

مجھ کو نہ گناہ گار کیجئے

ہو کرم یا ہو ستم ہے انکا

کیجئے اور بار بار کیجئے

ابھی تو آپ سے نظریں ملی ہیں
رہیں گے اب وہی بے زار کب تک

وہ مانگے کے تھے جو تھے پل خوشی کے
کریں ہم اس سے اب انکار کب تک

اوروں سے کیا گلا اب ہم کو قاسم
رہیں اب خود سے خبر دار کب تک

☆

☆

رہیں شب بھر بھلا بیدار کب تک
نا جانے ہو وہی دیدار کب تک

تڑپتے ہیں کہ جیسے مرغ بسمل
خدا جانے کہ آئے یار کب تک

نا جانے کتنے دن کی ہے مشقت
مصیبت کی ہے یہ بے گار کب تک

چلے جاتے ہو یوں ہی مسکرا کر
جی جلاؤ گے مرا دلدار کب تک

شب کو خود میں جھانکا تھا میں نے یونہی

کیا ہی بتاؤں تم کو کتنا میں خود سے ڈرا ہوں

اس سے زیادہ کیا دوں اور جینے کی قیمت

سب مریں اک ہی بار میں سو سو بار مرا ہوں

باتیں ہماری سن کر سب ہنستے ہیں قاسم

انکے لئے میں بھی شائید بس اک مسخرا ہوں

-☆-

☆

اتنے اچھّے لوگوں میں بس میں ہی ایک برا ہوں

سب کے گلوں میں سر ہیں اک میں ہی بے سرا ہوں

سچّے ہیں آپ تو سارے ہوں میں ہی ایک ہوں جھوٹا

شیطاں ہوں نہ فرشتہ کھوٹا ہوں نہ کھرا ہوں

جاؤ جا کے اپنی عظمت کے بت کو پوجو

میرے پاس نا آؤ میں تو بہت برا ہوں

دیکھا جو شوق میرا تو اس نے کہا کہ اب

مقتل میں سر پھروں کو بلایا نہ جائے گا

میری بس ایک آہ جو باسی چمن سنیں

بلبل سے اپنا گیت سنایا نہ جائے گا

۔☆۔

☆

وہ سامنے ہوں ہوش میں آیا نہ جائے گا

چاہے بھلاؤں لاکھ بھلایا نہ جائے گا

تجھ کو بنا کے بن گئی تھی یہ نئی رسم

بت ایسا اب کبھی ہی بنایا نہ جائے گا

ان کو یہاں نقاب ہٹانے تو دو ذرا

شب بھر تو اک دیا بھی جلایا نہ جائے گا

ہاتھ آیا جو تیشہ اے فرہاد

اشک صحرا میں نہر نہر ہو گا

ہو گا محشر وہاں بجے گا صور

رخ یہ تیرا جدھر جدھر ہو گا

وہ مسیحا ہوئے تو پھر قاسم

ان کا تریاق بھی تو زہر ہو گا

☆

☆

کوئی بتلادے اب نا صبر ہو گا

ورنہ رسوا وہ بے خبر ہو گا

دیکھ کر موہنی سی صورت کو

کوئی بیتاب ہر پہر ہو گا

ہم فقیروں کو بھول جاو ورنہ

اسکا چرچا تو شہر شہر ہو گا

غم کے بغیر آپ کے دل میں بچے گا کیا

مانوس اتنے ہو گئے اس مہرباں سے ہم

کرتے نہیں ہیں اف بھی تو ہم اس خیال سے

بدنام کر نہ دیں تجھے آہ و فغاں سے ہم

اک بار بت کدے میں ملے داخلے کی راہ

کافر ہوں گر کبھی جو پھر آئیں وہاں سے ہم

☆

اے زندگی بتا تجھے لائیں کہاں سے ہم

تیرا پتہ بتائیں تو کیسے زباں سے ہم

اس کے بغیر ہم پہ عجب مشکل آپڑی

پہنچے وہیں پہ ہم کہ چلے تھے جہاں سے ہم

ان اور سب گلوں کا ہی رنگ ایک سا تو ہے

اس گل کی خیر مانگ رہے ہیں خزاں سے ہم

یا رب جو دل کا حال ہے اس پر نہ ہو عیاں

کیسے بچیں گے دوستو اس امتحاں سے ہم

مستانہ کر دیا سبھی اہل چمن کو بس

بیج اب جنون کا ابھی بو یا نہ جائے ہے

جب سے لڑی ہے آنکھ کسی مہ جبین سے

راتوں کو اب کسی سے بھی سویا نہ جائے ہے

☆

☆

ہو داغ دل پہ اسکو تو دھویا نہ جائے ہے

جو مل گیا اسے کبھی کھویا نہ جائے ہے

گو ہوں میں عشق میں ابھی برباد سا مگر

تیرا ابھی حال مجھ سے تو دیکھا نہ جائے ہے

نظریں ملا کے تم سے کریں اور پر نظر

ایسا طریق ہم سے ہی سیکھا نہ جائے ہے

طوفان اشک ہے کہ یہ طوفانِ نوح ہے

اب اور ہجر یار میں رویا نہ جائے ہے

ہم اب کبھی نہیں کریں گے کاروبارِ دل

گویا جنوں ہی سود ہے اس کاروبار میں

رک تو ذرا ابھی نہ تڑپ کچھ تو دم لے لے

کیسے رہے گا اب کوئی دل بے قرار میں

مجلس طرب میں اب میاں قاسم کا کیا ہے کام

تم کو ملیں گے وہ کسی اجڑے دیار میں

-☆-

☆

دیوانہ وار پھرتا ہوں موسم بہار میں

شائد وہ مجھ کو دیکھ لے اس حال زار میں

ہر گل پہ ہو رہا ہے گماں آپ کا مجھے

کیا کام ہے بھلا مرا چمن بہار میں

آنے پہ تیرے لگ گئے پھر وقت کو بھی پر

وہ بھی رکا ہوا تھا ترے انتظار میں

مجھ پر ستم کریں کہ کریں اک نظر کرم

آتا ہے کیا یہ دیکھئے اُنکے مزاج میں

پی کے مدہوش پڑے تھے سبھی اس محفل میں

صرف ہم کو ہی تو نظروں سے پلایا نہ گیا

وہ جو سنتا تو اسے میری بھی یاد آجاتی

جان محفل کو مرا گیت سنایا نہ گیا

۔☆۔

وہ تو آ جاتے مگر ہم سے بلایا نہ گیا

سلسلہ پیار کا یوں ہم سے بڑھایا نہ گیا

رات بھر رقص کناں تھا ترا یہ پروانہ

ہو گئی صبح مگر کیوں یہ جلایا نہ گیا

غیر کے پاس تو جاتے رہے کس چاہت سے

اسی بیمار محبت کے گھر آیا نہ گیا

اب بھلا عذر کیا ہے آنے میں

کیا بہانہ ہے تو بنا لایا

ہونگے بیکار سب بہانے ترے

کیسے رکے گا اگر خدا لایا

میری تربت پہ روشنی کے لئے

وہ تو ٹوٹا دیا اٹھا لایا

۔☆۔

میں چمن میں گیا تو کیا لایا

روگ یہ عشق کا نیا لایا

میں گیا تھا جو دل کو بہلانے

زخم سینے پہ اور کھا آیا

اک جھلک ہی تری نظر آئی

نقش دل پر ترا کھدا لایا

میں خوشی مانگنے گیا تھا مگر

غم بچے تھے وہی اٹھا لایا

وہ بے چین اور اب ہم ہیں بے کل ادھر

بے قراری ہے میری کسی کے لئے

کس کے آنے پہ محفل میں آئی بہار

باغ میں ہیں بہاریں کسی کے لئے

کون چھوڑے گا موجوں سے کھیلنا اب

سامنے کیوں کنارا کسی کے لئے

☆

☆

سج رہی ہے یہ محفل کسی کے لئے

پھر تڑپنے لگا دل کسی کے لئے

وہ ہی آئے گا گلشن میں آج کی شام

گا رہی ہے یہ بلبل کسی کے لئے

چاند شرما کے کیوں بادلوں میں چھپا

ہے یہ تاروں کی جھلمل کسی کے لئے

ذرا ہم پہ اتنا کرم تو فرمائے

مری جان لے جایئے جاتے جاتے

مقدر قیامت کو جاگے تو جاگے

بہت تھک گئے ہم جگاتے جگاتے

وہ قاتل تو ہیں پر وہ ظالم نہیں ہیں

کیا قتل ہم کو ہنساتے ہنساتے

‏- ☆ -

بھلا رک گئے آپ کیوں آتے آتے

ہمیں مار ڈالا ستاتے ستاتے

وہ اس بات کے منتظر ہی بہت ہیں

کہ مر جائیں گے ہم بلاتے بلاتے

ترے سامنے بات کیسے بنے گی

بگڑنے لگی ہے بناتے بناتے

کریں دور شائید اندھیرا غموں کا

یہ دیپ آنسوؤں کے جلاتے جلاتے

اس نے وعدہ تو کر لیا پر کبھی نہ آئے گا

یہ تو اک طریقہ ہے بس مجھے ستانے کا

بس رہا ہے اس دل میں کون اتنی مدت سے

راز یہ نہیں جلدی غیر کو بتانے کا

۔☆۔

☆

مدعا نہیں ہے کچھ اور گیت گانے کا

یہ تو اک بہانہ ہے آپ کو بلانے کا

گو کہ بھول جانے کے کر لئے جتن دس لاکھ

اور کیا کروں حیلہ تم کو بھول جانے کا

آپ بھی تو مل آئے اس حسین کافر سے

چارہ کیجئے جلدی اپنے جی کو بچانے کا

مانگا جو وقت قرب تو بولے

ہے قیامت تو دور جلدی کیا ہے

حال دل پوچھتے ہیں وہ مجھ سے

ہائے انداز آگہی کیا ہے

کھل گیا ایک عالم اے اسرار

سامنے شعر کے وحی کیا ہے

☆

☆

کوی بتلاۓ زندگی کیا ہے
کیا خدائ ہے بندگی کیا ہے

یہ تماشا ہے کیا زمانے کا
مجھ پہ طاری یہ بے خودی کیا ہے

آرزو تو کبھی ہوئ نہ کم
اور جو مل گئ بری کیا ہے

کون جیتا ہے تیرے آنے تک
میری اب عمر ہی رہی کیا ہے

اور نشان ہو کس کا اس پر

دل میں نقش فقط تیرا ہے

اب خوشی پاس نا آتی قاسم

اس کے غم نے یوں گھیرا ہے

۔☆۔

☆

ایسا وقت نے منہ پھیرا ہے

ہر جانب غم نے گھیرا ہے

ہم کہاں ہیں یہ خبر ہمیں نا ہے

رات ہے دن یا ابھی سویرا ہے

اس کو تم الزام نہ دینا

ہر جائی ہے پر میرا ہے

ہوتی جاتی ہے اک عیاں صورت

ایسے پردے ہٹا رہا ہے کون

تیرے کوچے میں خود فنا ہو کر

نام اتنا کما رہا ہے کون

۔☆۔

☆

میرے سپنوں میں آ رہا ہے یہ کون

اپنے جلوے دکھا رہا ہے کون

آج تو چاند بھی نہیں نکلا

یاد تیری دلا رہا ہے کون

اہل دنیا نے غم بھلا ڈالے

ایسی باتیں بنا رہا ہے کون

دل کی دنیا پہ چھا گیا ہے نور

دیپ اتنے جلا رہا ہے کون

اس کے آنے پہ ہے یہ آئی بہار

چارہ کرئے کہ اب وہ جانہ سکے

ہم نے چاہا تھا صرف قرب ترا

تجھ کو اپنا مگر بنا نہ سکے

۔☆۔

☆

اس ستمگر کو ہم بھلا نہ سکے
بس یہ غم ہے کہ غم چھپا نہ سکے

کوئی بات تھی نا آئے وہ
اور بہانہ بھی کچھ بنا نہ سکے

عقل اور ہوش کھو دئے ہیں کہاں
زندگی بھر سراغ پا نہ سکے

ہو جو زندہ مگر ناشر مندہ

کوئی ایسا بھی یہاں نظر آئے

ہم تڑپتے ہیں دور سے قاسم

کاش کوئی قریب بلوائے

-☆-

☆

زیست کیا ہے کوئی بتلائے
راز ہستی مجھے بھی سمجھائے

یہ جہاں ہے بنایا کس کے لئے
بات میری سمجھ میں بھی آئے

لطف کیا خاک آئے جینے میں
لطف جب ہے کوئی تو اپنائے

ناز ہے اسکو وفا پر اپنی

بے وفا بن کے ستائیں کیسے

ہم نے تو چپ کی قسم کھائی تھی

اب بھلا ان کو بلائیں کیسے

وہ نظر آئیں تو پھر قاسم

دل ناداں کو بچائیں کیسے

-☆-

حال دل ان کو سنائیں کیسے

دوستو بات بنائیں کیسے

کیسی بے خوابی سی بے خوابی ہے

نیند اب آنکھوں میں لائیں کیسے

بس تری یاد نے زندہ رکھا ہے

بے وفا تجھ کو بھلائیں کیسے

حال جو پوچھ رہے ہو میرا

زخم یہ دل کے دکھائیں کیسے

وہ زرا دیر کو آئے تھے بزم میں

جا رہے ہیں مگر کچھ بتائے بغیر

-☆-

☆

آ آپ نے جو بتایا بتائے بغیر

ہم بھی سنتے رہے ہیں سنائے بغیر

بات ہی تھی کچھ ایسی کہ لب نا ہلے

پھر بھی سن لی ہے نظریں ملائے بغیر

زندگی کا چلو اتنا مصرف ہوا

کیسے مرتا یہ دل تجھ پہ آئے بغیر

اس کی رسوائیوں کے ڈر سے ہی

میں نے ہونٹوں پہ مہر لگائی ہے

عمر بھر سوچنے کے بعد یہی

بات اتنی سمجھ میں آئی ہے

تو نے شائد اسی حسیں کے لئے

یہ بساطِ جہاں بچھائی ہے

-☆-

روپ اور رنگ منفرد سب سے

تیرا انداز خود نمائی ہے

تو نے پیدا کیا تھا کیوں مجھ کو

کیوں یہ الفت کی راہ دکھائی ہے

اس نے ہوش و خرد جلا ڈالے

آگ سینے میں یوں جو لگائی ہے

نام لب پر اسی کا آتا ہے

میں نے کی جب بھی لب کشائی ہے

پھیلا رہے ہیں ہاتھ ستم گر کے سامنے

پھر کیوں کہیں کہ ہیں جو بہتر گدا سے ہم

ایسا ڈر ادیا ہے محبت کے کھیل نے

بچ کے رہیں گے ایسی بری سی بلا سے ہم

-☆-

☆

توبہ جو کر رہے ہیں کسی کی وفا سے ہم

شائد کہ آشنا نہیں جور و جفا سے ہم

وہ شخص مانگتا ہے دعا غیر کے لئے

لیکن اسی کو مانگ رہے ہیں خدا سے ہم

ہے درد کا علاج اسی چارہ گر کے پاس

اچّھے نہ ہو سکیں گے کسی بھی دوا سے ہم

رات کو ایسے نظر آتی ہے ہم کو کہکشاں

پھول جیسے اس کلائی پر ہوں گجرے کی طرح

دشت و بن میں لے گئیں مجھ کو تری یادیں مگر

میرے چہرے پر سجی ہے خاک گہنے کی طرح

-*-

☆

آج پھر سے میرا دل بے قابو ہے پہلے کی طرح

بہتے پانی کی طرح اور گرتے جھرنے کی طرح

جو زباں سے کہنا چاہا میرے دل میں ہی رہا

ایک ٹوٹے تار میں پوشیدہ نغمے کی طرح

پرسکوں رہتا ہے تیرے سامنے لیکن یہ دل

ڈولتا ہے بحر کے طوفاں میں بجرے کی طرح

اس جہاں میں ایسا کوئی ہے

میرے دل کی جو صدا سمجھے

گر میں بھلا دوں انکو کبھی بھی

کیوں بھلا وہ مجھے ایسا سمجھے

ملا وہ اجنبیوں کی طرح

جس کو بھی ہم آشنا سمجھے

جس دل میں تو بستا رہا ہے

وہ تجھے کیسے بیوفا سمجھے

-*-

☆

برا سمجھے یا بھلا سمجھے

وہ تو نا مجھے دوسرا سمجھے

کیا رسوا مجھے خوب ہی تو نے

اے دل تجھ کو خدا ہی سمجھے

لوٹا سفینہ اے دل اسی نے

جس کو تھے ہم ناخدا سمجھے

قربان ایسی خوش فہمی پر

ہم ان کو بھی اپنا سمجھے

مجھے سوجھتا ہی نہیں کیا کہوں میں

کچھ ایسا ہے ان کا سوال اللہ اللہ

رہ الفت میں کس کس نے لوٹا ہے قاسم

نہیں اس کا رنج و ملال اللہ اللہ

-*-

انہیں آئے میرا خیال اللہ اللہ

ہے یہ بھی اسی کا کمال اللہ اللہ

تجھے کیا خبر تیری فرقت میں جاناں

ہوا ہے جواب میرا حال اللہ اللہ

نہ تم آ رہے ہو نا نیند آ رہی ہے اب

یہ ہے خوب تر چال اللہ اللہ

محبت میں کیسا مقام آ گیا ہے

ہے اب زندگی اک وبال اللہ اللہ

تو ہے سامنے تو ہے قائم رشتہ حیات

مار ہی دیتا ہے دکھ تیری جدائی کا

انکے حسن قاتل سے ہی ہو گیا مقتول

تھا تلوار سے کاری ہی زخم جو رعنائی کا

-☆-

☆

جو کوئی بھی سبب بنے تجھ سے جدائی کا

کون بھلا مشتاق ہو ایسی رہائی کا

بڑھتے جاتے ہیں اب یہ غم عمر کے ساتھ

اے خدا کیا کروں ایسی عمر کی لمبائی کا

ہم تو سمجھے کہ بیٹھے ہو تم پاس مرے

رخ یہ بھی ہو نہ کہیں میری تنہائی کا

نام نہ لیتا میں کوئی ترے نام کے بعد

خوف نہ ہوتا جو تیرے نام کی رسوائی کا

ایسی نظروں سے تو نہ دیکھو

جو کر دیں مجھے بس مستانہ

یہ ساری رونق تیری ہے

شہر ہو یا ہو کہیں ویرانہ

تیرے بن یہ جگ لگتا ہے

اک بن ساغر سا میخانہ

-☆-

☆

شاعر ہوں میں اور نہ ساحر

میں ہوں اک پگلا، دیوانہ

جیسے دیپ جلے اک دن میں

یا ہو شمع بنا پروانہ

جیسے پھول کھلے جنگل میں

یا خالی خالی پیمانہ

ساون کی رم جھم لگتی ہے

جیسے ہو کسی زلف کا نزرانہ

نا تم آ رہے ہو نہ ہی نیند ہی آ رہی ہے

ہم کو تو مار ہی دیگا نہ آنا تمہارا

قاسم کچھ ایسی بنی ہے حالت اپنی

اب تو ہنسانے لگا ہے رلانا تمہارا

-☆-

گو میں بھلاتا توہوں پر بھولا نہیں وہ

خوب ستا کے مجھے پھر سے منانا تمہارا

جو تڑپے گا دل تو چلے آؤ گے تم

پھر چلے گا نہ کوئی بہانا تمہارا

غیروں سے کر نا وہ ہنس ہنس کے باتیں

اور پھر پیار بھی مجھ سے جتانا تمہارا

عقل کو سنبھالوں تو یہ دل ڈوبتا ہے

کیسے بھلا دوں یہاں سے جانا تمہارا

جب انکی یاد آجاتی ہے چپکے چپکے رولیتا ہوں

کیسے بھلادوں اپنے غم اپنے دل کے ان ارمانوں کو

وقت بہت ہی تھوڑا ہے دل بھر کے آؤ اب مل لیں

شمع کے بجھنے سے پہلے جل مٹنا ہے پروانوں کو

-☆-

☆

کیا اب تم کو ملے گا اے لوگو چھیڑ کے ہم دیوانوں کو
چھوڑ کے سب کچھ اک دن ہم بھی چل دینگے ویرانوں کو

جب چل ہم دیئے پھر کیا مڑنا کیوں واپسی کا بھی سوچیں
گھر ہم کو تو بنانا ہے صحراؤں کو اور بیابانوں کو

کیا فائیدہ ہے ان یادوں کا جو گزر گئیں وہ کھو گئیں
کیوں یاد کریں اور روئیں گزرے ہوئے ان زمانوں کو

ہنسنا تو ہم بھول گئے اب رونا ہی ہے قسمت میں
کون سنے گا اب اس ٹوٹے پھوٹے دل کی ان تانوں کو

جس نے خدا بننے کی کوشش کی

وہ ہمیشہ خاک ہوا یارو

اس نے دیا ہے بس تیرا غم

اب یہ برا ہے یا بھلا یارو

-☆-

☆

کرنی کاہی ہے یہ صلا یارو

جگ سے گلا کرنا کیا یارو

جو آ گیا دام میں آ گیا بس

عشق ایسی ہی ہے بلا یارو

جس کو دیکھو لالچ کا غلام

یہ بتاوا نہیں کیا ملا یارو

ہر دل کے لئے لازم ہے وفا

بد یر یہ عقدہ کھلا یارو

مت کیجئے دنیا کا شکوہ

جب جینا ہے ستم سہنے ہیں

لو وہ رات گئی وہ بات گئی

اب کس نے فسانے کہنے ہیں

-☆-

یہ غم تو میرے گہنے ہیں

جو خوشی سے میں نے پہنے ہیں

میں اپنے آنسو کیوں روکوں

جو بہنے ہیں وہ بہنے ہیں

جائیں گے کہاں غم بیچارے

میرے ہیں دل میں رہنے ہیں

لوگ پوچھیں گے ہوا کیا ہے آپ اتنے کیوں

لگ رہے ہیں ایسے سارے جہاں سے بیزار

من چاہے گا بتا دوں سب قصہ اے غم

تو یہ خیال ہو گا کچھ کہنا ہے بیکار

شاید انکو بھی کبھی میری یاد آئے

آ رہی ہے میرے لب پر یہ دعا سو بار

آنکھ لگانے کی ملتی ہے یہ سزا قاسم

قید ہی بن جاتی ہے گھر کی ہر دیوار

-☆-

☆

ہم نے سوچا تھا انہیں بھی کبھی ہو گا پیار

تڑپیں گے وہ بھی اور ڈھونڈیں گے وہ قرار

صبح سے شام تلک ترسیں گے کسی کے لئے

راتوں کو کریں گے وہ کسی کا انتظار

طوفان اٹھے گا دل میں جب اکیلے ہوں گے

ہو گی وہاں نا کوئی میسر راہِ فرار

وہ تو میری طرح اتنے بھی ناداں نہ تھے

کیوں کیا پھر کسی کے وعدوں پہ اعتبار

جان جاتی ہے جان جانے دو

آ بھی جاؤ کہ مر رہا ہوں میں

تو تصور میں ہے تو پھر قاسم

جان سے کیوں گزر رہا ہوں میں

-*-

☆

زیست سے ایسے ڈر رہا ہوں میں

جی رہا ہوں نہ مر رہا ہوں میں

بات پہنچے گی پھر جوانی تک

کفر کا ذکر کر رہا ہوں میں

آنکھ تجھ سے ملی تو یوں جانا

جھیل ڈل میں اتر رہا ہوں میں

کیوں اڑاتے ہو خاک تم میری

خود ازل سے بکھر رہا ہوں میں

جیتے ہیں کیونکہ جینا ہے

ورنہ یہ زہر پیا نہیں جاتا

دل وہ تحفہ ہے جیتے جی

واپس پھر لیا ہی نہیں جاتا

-☆-

☆

پیار ہو جاتا ہے کیا نہیں جاتا

ان کے بنا بھی جیا نہیں جاتا

ہے وہ کھیل جو سب کو ہے آتا

اس کا سبق ہی دیا نہیں جاتا

ایسا چاک ہوتا ہے گریباں

سیتے رہیے سیا نہیں جاتا

بل آخر یہ بھی کٹ جائیں گے اک دن

جو باقی ہیں کٹھن پل زندگی کے

نشہ اک مے کا ہے اک زندگی کا

وہ پی کے مست ہیں، ہم مست جی کے

-☆-

☆

ملے جو زیست میں دو پل خوشی کے

عطا کردہ ہیں قاسم یہ اسی کے

ترے جانے کی جو ہوتی خبر تو

فنا کیوں نا ہو جاتے ہم کبھی کے

نہ کر آہ و فغاں خاموش ہو جا

نہیں رونے سے گھٹتے غم کسی کے

جب بھی جاؤں کہساروں پر

جھرنوں سے باتیں کرتا ہوں

تنہا ہوں پر اتنا بھی نہیں

دیواروں سے باتیں کرتا ہوں

گھر کر طوفانوں میں قاسم

موجوں سے باتیں کرتا ہوں

-☆-

جب تیری آنکھیں یاد آئیں

جھیلوں سے باتیں کرتا ہوں

کہنے کو پاس نہیں کچھ بھی

لوگوں سے باتیں کرتا ہوں

جب کھانا ہو اک زخم نیا

اپنوں سے باتیں کرتا ہوں

ہو پاس نہ گر تو چاند مرے

کرنوں سے باتیں کرتا ہوں

☆

اپنوں سے باتیں کرتا ہوں

غیروں سے باتیں کرتا ہوں

دھوکے میں ترے نا جانے میں

کتنوں سے باتیں کرتا ہوں

چپ چپ ہوں اس بت کے آگے

اوروں سے باتیں کرتا ہوں

آتی ہے تیری یاد اگر

پھولوں سے باتیں کرتا ہوں

☆ غزلیں

جھرنا

☆

احمد قاسم

www.ingramcontent.com/pod-product-compliance
Lightning Source LLC
Chambersburg PA
CBHW070631300426
44113CB00010B/1741
9780993542886